Autor _ GREGÓRIO DE MATOS
Título _ DESENGANOS DA
VIDA HUMANA
E OUTROS POEMAS

Copyright _ Hedra 2013

Corpo editorial _ Bruno Costa, Caio Gagliardi, Fábio Mantegari, Iuri Pereira, Jorge Sallum, Oliver Tolle, Ricardo Valle, Ricardo Musse

Dados _ Dados Internacionais de Catalogação na Publicação (CIP) (Câmara Brasileira do Livro, SP, Brasil)

Matos, Gregório de, 1636-1695.
Desenganos da vida humana e outros poemas / Gregório de Matos; organização Iuri Pereira. - São Paulo: Hedra, 2013. 110 p.

ISBN 978-85-7715-318-3

1. Poesia brasileira. I. Pereira, Iuri. II. Título.

13-03635 CDD 869.91

Índices para catálogo sistemático:
1. Poesia: Literatura brasileira 869.91

Direitos reservados em língua portuguesa somente para o Brasil

EDITORA HEDRA LTDA.

Endereço _ R. Fradique Coutinho, 1139 (subsolo) 05416-011 São Paulo SP Brasil

Telefone/Fax _ +55 11 3097 8304

E-mail _ editora@hedra.com.br

Site _ www.hedra.com.br

Foi feito o depósito legal.

Autor _ GREGÓRIO DE MATOS
Título _ DESENGANOS DA
VIDA HUMANA
E OUTROS POEMAS
Organização _ IURI PEREIRA
São Paulo _ 2013

Gregório de Matos (Salvador, 1636–Recife, 1695) é um poeta barroco que viveu no Brasil-colônia e em Portugal. Há diversos documentos que atestam a sua existência, embora não se tenha certeza de que nenhum dos poemas a ele atribuídos seja realmente de sua autoria: nunca foi encontrado algum manuscrito autógrafo de Gregório de Matos. Por isso, apesar de ser possível traçar sua biografia com um certo número de detalhes e anedotas, não sabemos se estamos falando de fato do autor dos poemas que conhecemos. O nome Gregório de Matos, assim, mais do que uma pessoa real, representa uma figura histórica a que são associados os poemas considerados mais importantes do período barroco do Brasil-colônia. Não é possível falar de sua vida sem lembrar das controvérsias associadas ao poeta, que levantaram grandes discussões quanto às noções de autoria que temos hoje e às nossas heranças do Romantismo. O que se sabe a respeito de sua biografia é que ele nasceu na Bahia em dezembro de 1633 (ou 36), terceiro filho de um fidalgo português; depois de ter concluído o colégio, Gregório foi para Portugal, onde teve contato com grandes poetas europeus como Gôngora e Quevedo, e formou-se em Direito pela Universidade de Coimbra, tornando-se juiz e casando-se pouco depois. Mas a ousadia de suas sátiras acabou causando uma reviravolta, já que, conforme se diz, ele foi destituído de seus cargos graças a uma intriga de alguém ridicularizado por um de seus poemas. Por isso, em 1681, retornou ao Brasil e se tornou vigário-geral e tesoureiro-mór; mas esses cargos tampouco duraram, e Gregório, que tinha enviuvado, casou-se pela segunda vez e vendeu as terras que recebeu como dote, além de ensaiar algumas tentativas de exercer o ofício de advogado. Sua acidez satírica, que permaneceu incontida, fez ainda com que fosse deportado para Angola, e ele só pôde voltar sob a condição de não colocar mais os pés na Bahia. Morreu em 1696, em Pernambuco, devido a uma febre contraída em Angola.

Desenganos da vida humana e outros poemas é uma antologia que reúne poemas atribuídos a Gregório de Matos. Em sua maioria sonetos, os poemas estão divididos em seis categorias temáticas, que algumas vezes se sobrepõem: *amorosos*, *satíricos*, *devocionais*, *encomiásticos*, *descritivos* e *morais*. O texto foi estabelecido sobretudo de acordo com a edição organizada por James Amado, *Gregório de Matos – Obra poética* (Editora Record, 1990).

Iuri Pereira nasceu em São Paulo, SP, em 1973. Graduou-se em Letras na USP e fez mestrado em Teoria Literária na Unicamp. É editor e professor de literatura. Autor do livro de poemas *Dez poemas da vizinhança vazia* (Hedra, 2012) e do ensaio *Poesia e doutrina – O Lampadário de Cristal, de Jerônimo Baía* (no prelo). Neste, analisa a poesia aguda portuguesa do século XVII à luz das categorias retóricas e poéticas que informavam autores e leitores do período. Organizou uma edição da *Farsa de Inês Pereira*, de Gil Vicente.

SUMÁRIO

Introdução, por Iuri Pereira   9

AMOROSOS   **25**
Pondera agora com mais atenção a formosura de D. Ângela   27
Admirável expressão que faz o poeta de seu atencioso silêncio   28
Segunda impaciência do poeta 29
Lisongeia outra vez impaciente 30
Terceira vez impaciente 31
Quis o poeta embarcar-se para a cidade 32
Admirável expressão de amor 33
Rompe o poeta com a primeira impaciência 34
Chora o poeta de uma vez perdidas estas esperanças 35
Choro por um bem perdido 36
Queixa-se de que nunca faltem penas para a vida 37
Pintura admirável de uma beleza 38
Neste retiro devemos supor 39
Retrata o poeta as perfeições de sua senhora 40
Epitáfio à mesma beleza sepultada 41

SATÍRICOS   **43**
Defende o poeta 45
Contemplando as coisas do mundo 48
Conselho para quem quiser viver na Bahia 49
Desempulha-se o poeta da canalha perseguidora 50
A certo homem presumido 51
Santigua-se o poeta contra outros pataratas avarentos 52
À Bahia 55
Ao desembargador Belquior da Cunha Brochado 56
Preso finalmente o nosso poeta 57
Ao Conde de Ericeira 66

DEVOCIONAIS 67
Ao menino Jesus 69
Ao braço do mesmo Menino Jesus quando apareceu 70
Ao dia do Juízo 71
A Cristo S. N. crucificado 72
Ao mesmo assunto e na mesma ocasião 73
Ao Santíssimo Sacramento estando para comungar 74
A N. Senhor Jesus Cristo 77
A conceição imaculada de Maria Santíssima 78

ENCOMIÁSTICOS 79
Epitáfio à sepultura do mesmo Ex.mo senhor Arcebispo . . 81
Ao mesmo <desembargador Dionisio de Avila Varreiro>
    por suas altas prendas 82

DESCRITIVOS 83
Descreve um horroroso dia de trovões 85
A um vizinho dá conta o poeta 86
Descreve o que era realmente naquele tempo a cidade da Bahia 87
Novas do mundo que lhe pediu por carta um amigo 88
Lamenta o poeta o triste paradeiro da sua fortuna 89
Descreve o poeta a cidade do Recife em Pernambuco 96

MORAIS 97
Moraliza o poeta nos ocidentes do sol a inconstância dos
    bens do mundo 99
Descreve com galharda propriedade o labirinto de suas
    desconfianças 100
Queixa-se o poeta em que o mundo vai errado 101
Desenganos da vida humana metaforicamente 102
No fluxo e refluxo da maré 103
Pondo os olhos primeiramente na sua cidade 104

INTRODUÇÃO

> Todo este mundo é prisão,
> todo penas e agonias,
> até o dinheiro está preso
> em um saco, que o oprima.
> A pipa é prisão do vinho,
> e da água fugitiva
> (sendo tão leve, ligeira)
> é prisão qualquer quartinha.
> Os muros de pedra e cal
> são prisão de qualquer vila,
> d'alma é prisão o corpo,
> do corpo é qualquer almilha.
> A casca é prisão das frutas,
> da rosa é prisão a espinha,
> o mar é prisão da terra,
> a terra é prisão das minas.
> É cárcere do ar um odre,
> do fogo é qualquer pedrinha,
> e até um céu de outro céu
> é uma prisão cristalina.
>
> Gregório de Matos, "A prisão que fez este governador a seu criado, o braço forte".

Gregório de Matos é o poeta mais importante da América Portuguesa. A leitura de seu *corpus* poético enseja a oportunidade de mostrar que a literatura, de forma geral, diz muito mais do que aquilo que se oferece em sua superfície de significação. É um testemunho extremamente denso dos modos que o homem encontrou para explicar sua própria presença no mundo.

Não podemos ler a poesia atribuída a Gregório de Matos buscando os seus significados na biografia do poeta; entretanto sua poesia deve ser compreendida em seus limites históricos, num sentido amplo, aqueles que incluem os códigos culturais em que esse autor se formou.

O que os desafios de leitura da poesia gregoriana oferecem é a possibilidade de ampliar nossos próprios repertórios, a possibilidade de percebermos que muitas categorias que utilizamos como naturais são convenções fortes que ao longo de seu uso foram perdendo suas marcas convencionais, e se tornando pressupostos rígidos e passivos da operação leitora. Um dos mais poderosos conjuntos de convenções do mundo recente é justamente o romântico. Para a leitura literária, a convenção romântica da aproximação e identidade entre autor e sujeito de enunciação (eu-lírico ou eu-poético) teve um efeito muito desfavorável. A partir dessa identificação passamos a atribuir à experiência *poética* o valor de experiência *vivida*. Tanto os leitores literários quanto os autores. Para aquilo que se escreveu após o século XVIII, isso não é tão grave quanto para tudo que se escreveu antes.

A leitura da poesia atribuída a Gregório de Matos exige a mobilização de um campo muito rico de questões da história, da crítica e da teoria literária. Devemos nos afastar de muitas noções rígidas que orientam nossa leitura contemporaneamente, como autor, livro, expressão e originalidade e buscar categorias mais adequadas à leitura dos poemas, como autoridade, códice, procedimento e emulação. É isso que esta breve introdução pretende fazer a seguir.

AUTOR E AUTORIDADE

Quando pensamos, por exemplo, em Machado de Assis ou em Castro Alves, estamos seguros ao dizer que eles são autores de sua obra. Sabemos o suficiente sobre a vida civil de cada um deles e que esses homens, em vida, publicaram textos literários aos quais apuseram seus nomes, como prova inequívoca de sua autoria, isto é, aquilo que leremos é produto de sua razão imaginativa.

Quando se trata de Gregório de Matos, não temos bases tão sólidas em que nos apoiar. Pouco sabemos a respeito da biografia do poeta, e muito do anedotário que se conta foi formado a partir de conteúdos expressos em seus poemas; o que é um grande problema, porque sua escrita poética baseia-se em lugares-comuns, e não em uma experiência pessoal, mesmo quando efetuada a partir de uma referência empírica, como a descrição de Angola do poema "Lamenta o poeta o triste paradeiro da sua fortuna descrevendo as misérias do reino de Angola para onde o desterraram".

Gregório de Matos não escreveu nenhum livro, não assinou nenhuma obra e não temos, nem ao menos, até hoje, um único manuscrito autógrafo. Sua poesia foi recolhida no início do século XVIII. Neste momento, o nome do autor já tinha se tornado uma autoridade, isto é, Gregório de Matos consolidou uma reputação de excelente poeta satírico. Quando, bem depois de sua morte, alguém se propôs a recolher sua poesia, é de se supor que muitas composições ali acumuladas o foram por afinidade de gênero, ainda mais considerando que as folhas volantes em que circulava a poesia satírica eram muitas vezes anônimas. Por isso se fala em uma poesia *atribuída* a Gregório de Matos, de preferência a uma poesia *de* Gregório de Matos.

Esta ideia de uma poesia atribuída sugere a discussão das formas de circulação, das funções sociais e particulares da poesia e dos modos de se fazer poesia no século XVII.

LIVRO E CÓDICE

Quando compramos um livro que se chama *Obra poética*, e de que se diz ser de autoria de Gregório de Matos, precisamos relativizar algumas noções. De fato, é um livro que contém uma obra poética. Já a autoria de Gregório de Matos é algo que se diz. Quem diz? Um crítico, um filólogo, alguém que se dedicou a coletar, comparar, transcrever e editar um dos tantos códices que recolhem a poesia gregoriana. O códice é um antecessor do livro. É um caderno em que se copiam obras de variada natureza e que se arquiva numa biblioteca. O códice não é um produto determinado, necessariamente, pela autoria, como a maioria dos livros. O códice é um repositório. Nele são copiados textos heterogêneos, embora também possa conter apenas um gênero (por exemplo, um códice de poemas de amor, de sermões, de papéis jurídicos, de exercícios espirituais). Os códices gregorianos recolhem toda ou parte da poesia atribuída a Gregório de Matos unificando-a como pertencente a um autor, detentor de uma autoridade, um reconhecimento público. Ora, o códice é uma compilação, que supõe a existência de uma autoridade, isto é, quando se pensa em copiar poemas gregorianos é porque eles já gozam de uma autoridade, ou seja, uma reputação. Para obtê-la, os poemas tiveram de circular. Na Bahia do século XVII os poemas circulavam avulsamente, em cópias volantes. Essa circunstância de circulação produz uma quantidade incontrolável de variantes, e temos mais um empecilho à afirmação de uma autoria inequívoca, pois como saber qual é o original feito pelo poeta?

Se consultamos a antologia *Fênix renascida*, feita no século XVIII em Portugal e enfeixando a poesia do século anterior, percebemos que mais interessante do que a atribuição de autoria, são as determinações de gênero e como cada poema produz variações de outros poemas, de metáforas, conceitos e lugares-comuns do costume letrado. Ver como os poemas reencenam um lugar-comum como "morrer de amores" a partir de um mecanismo intelectual que distende o lugar-comum em relações de semelhança é o principal interesse. Os poemas são parte de um sistema amplamente compartilhado de autoridades, procedimentos e lugares-comuns.

O códice sobre o qual se baseou a edição mais lida da poesia atribuída a Gregório de Matos, feita por James Amado, é conhecido como Asensio-Cunha e pertence à Universidade Federal do Rio de Janeiro. Quando foi adquirido pela instituição, o códice pertencia ao professor Celso Cunha, que o recebera do professor Eugenio Asensio. Neste códice encontra-se a "Vida do excelente poeta lírico, o doutor Gregório de Matos e Guerra", biografia escrita por Manuel Pereira Rabelo.

EXPRESSÃO E PROCEDIMENTO

Nos acostumamos a olhar o objeto literário como algo expressivo. Um poema é, para nós, que formamos nossas noções sobre literatura baseados em padrões românticos, a exposição de movimentos afetivos experienciados pelo sujeito que o escreve. O Romantismo propõe que o poema seja espontâneo, sincero e fruto de uma intensa atividade emocional. O poema barroco não é expressivo, mas, poderíamos dizer, procedimental. Ele não é produto da atividade emocional, mas da especulação intelectual. Quando deseja escrever um poema, o poeta barroco reflete sobre o assunto que quer tratar, pergunta-se qual é o gênero poético adequado a tal assunto e quais são os melhores modelos. Em seguida analisa tais modelos e procura extrair deles os procedimentos que os tornam eficazes para alcançar os efeitos almejados, seja o riso, a pena, a admiração, a condenação. Começa aí a inventar o próprio poema organizando uma maneira de seu assunto particular ser efetuado manipulando os paradigmas e lugares-comuns dos melhores modelos. Ao mesmo tempo em que mostra a seu leitor sua erudição literária, evidencia os modelos que pretende equiparar ou superar.

Um poema muito conhecido atribuído a Gregório de Matos é o soneto "Lisongeia outra vez impaciente a retenção de sua mesma desgraça, aconselhando a esposa neste regalado soneto", que começa com os versos "Discreta e formosíssima Maria,/ Enquanto estamos vendo a qualquer hora". Este poema é uma glosa de um dos sonetos mais conhecidos do poeta espanhol D. Luís de Gôngora, príncipe dos poetas agudos, que começa com os versos "Mientras por competir com tu cabello,// Oro bruñido al Sol relumbra em vano". A poeta mexicana Soror Juana Ines de La Cruz também glosou o poema de Gôngora, em um soneto intitulado "Procura desmentir los elogios, que à un Retrato de la Poetisa inscrivió la verdad, que llama pasión":

> Este que vês, engano colorido,
> que da arte ostentando os primores,
> com falsos silogismos de cores
> é cauteloso engano do sentido:
>
> Este em quem a lisonja pretendeu
> amenizar dos anos os horrores,
> e vencendo do tempo os rigores
> anular a velhice e o olvido:
>
> É um vão artifício do cuidado;
> é uma flor ao vento delicada;
> é um resguardo inútil para o Fado;
>
> É uma néscia diligência errada;
> é um afã caduco; e bem pensado
> é cadáver, é pó, é sombra, é nada.[1]

---

[1] Juana Inês de La Cruz, *Inundacion castalida*. Ciudad de

O poema de Gôngora utiliza um expediente conhecido como disseminação e recolha, em que o poeta reúne no último verso os termos principais das analogias ou figuras utilizadas ao longo do poema. Este último verso do poema de Gôngora é espantoso por sua condensação e por conter cinco membros que resumem aquilo em que a beleza da mulher descrita no poema irá se transformar por força do tempo implacável que a tudo consome, sendo por isso uma rememoração do lugar-comum da poesia latina conhecido como "carpe diem", ou "aproveite o dia". Este lugar-comum funciona no mundo católico segundo uma noção da vida humana como etapa decaída e ilusória da progressão da alma em uma vida pós-vida na eternidade da bem-aventurança ou da purgação de más-condutas. A relação direta entre os três poemas fica patente no último verso. Gôngora: "En tierra, en humo, en polvo, en sombra, en nada"; Inês de La Cruz: "es cadaver, es polvo, es sombra, es nada"; Gregório de Matos: "Em terra, em cinza, em pó, em sombra, em nada".

Quando o público leitor de poesia lia os poemas de Gregório ou de Inês, eles o comparavam ao de Gôngora, produzindo um juízo sobre o sucesso do poeta na emulação de uma autoridade. Semelhante sistema opera em toda a Europa, como se pode ver em um poema do inglês

México: UNAM, 1995, p. 3. "Este, que vès, engaño colorido,/ que, del arte ostentando los primores,/ con falsos sylogismos de colores/ es cauteloso engaño del sentido:// Este; en quien la lisonja ha pretendido/ escusar de los años los horrores,/ y, venciendo del tiempo los rigores,/ triunfar de la vejez, y del olvido:// Es un vano artificio del cuidado;/ es una flor al viento delicada;/ es un resguardo inutil para el Hado;// es una necia diligencia errada;/ es un afa caduco; y bien mirado,/ es cadaver, es polvo, es sombra, es nada."

Andrew Marwell, "À amada esquiva", sobre o mesmo lugar-comum da fugacidade da beleza:

> Dessem-nos Tempo e Espaço afora
> Não fora crime essa esquivez, Senhora. [...]
> Mas ao meu dorso eu ouço o alado
> Carro do tempo, perto, perto,
> E adiante há apenas o deserto
> Sem fim da Eternidade.
> Tua Beleza murchará mais tarde,
> Teus frios Mármores não soarão
> Com ecos do meu Canto: então
> Os Vermes hão de pôr à prova
> Essa comprida Virgindade,
> Tua fina Honra convertendo em pó,
> E em cinzas meu Desejo. A Cova
> É ótimo e íntimo recanto. Só
> Que aos amantes não serve de alcova.[2]

É interessante notar, por exemplo, a ocorrência de pó (*dust*) e cinzas (*ashes*) por serem sentidos fortíssimos no soneto de Gôngora, mas de forma desassociada, fora de um verso plurimembre, como ocorre nos poemas de Gregório de Matos e de Inês de la Cruz. Podemos digredir indicando que um poema do fundamental poeta romântico inglês John Keats como "Ode a um rouxinol" também tem como base esse lugar-comum da beleza perecível, mas apresenta uma solução baseada na ideia de uma eternidade dessa beleza, que seria reposta sempre em indivíduos diferentes. E seria um belo exercício ler a ode de Keats à luz das referências anteriores ao rouxinol, na poesia, por exemplo a de Francisco de Vasconcelos, que

---

[2]Tradução de Augusto de Campos, em *Verso, reverso e controverso*. 2ª ed. São Paulo: Perspectiva, 1988, pp. 171-73.

chama o rouxinol de "Ramalhete animado, flor do vento" ("A um rouxinol cantando"), ou a de Góngora, "Com tal distinção, com tanta graça/ Chora aquele rouxinol, que suspeito/ que tem outros cem mil dentro do peito/ que alternam sua queixa na garganta".[3]

ORIGINALIDADE E EMULAÇÃO

Ora, de forma geral, o caráter original de um poema é uma questão que não se coloca no mundo em que se produz a poesia conhecida como barroca. Aqueles poetas buscam a emulação. Emular significa tomar um modelo como paradigma de excelência e tentar equiparar-se a ele ou superá-lo. Quando o poeta parte francamente de um modelo, ele abdica de buscar a originalidade, como valor absoluto. Ele escreve um poema evidenciando sua relação de dependência para com outros poemas. Nessa operação o poeta busca conquistar também um *status* social, o de homem discreto, capaz de manipular os protocolos do mundo letrado e também os outros, que completam a educação de um discreto ou cortesão, os modos de conversação, de comportamento social, de habilidades úteis na guerra. É de supor que esses repertórios de etiquetas tenham sofrido forte adaptação na cidade colonial que a poesia atribuída a Gregório retrata. Mas eles recorrem e se mantêm como referência, por exemplo, nos tantos poemas que tratam do tema da falsa fidalguia e dos modos de produzi-la.

[3] Luis de Góngora, "Soneto 69, 1584", em *Sonetos completos*. Edición, introducción y notas Biruté Ciplijauskaité. Madri: Castalia, 2001, p. 134. "Con diferencia tal, con gracia tanta/ quel ruiseñor llora, que sospecho/ que tiene otros cien mil dentro del pecho/ que alternan su dolor por su garganta."

A analogia é uma figura de expressão que está na base da maior parte dos procedimentos figurativos da poesia barroca. Daí a importância da metáfora, que mostra relações analógicas entre objetos diferentes. Os poetas barrocos inventam metáforas cada vez mais rebuscadas, de forma a manifestar um engenho agudo e penetrante, capaz de justamente extrair semelhanças de objetos aparentemente muito diferentes. A busca de relações inesperadas e racionais entre as coisas torna-se o principal jogo desses poetas e de seus leitores. E jogo é o termo adequado, mas um jogo proporcionado à mentalidade cortesã, que distingue os melhores membros da monarquia também por suas capacidades intelectuais e seus repertórios letrados. A partir do século XVIII, este jogo passou a ser entendido como puerilidade de nobres ociosos. Os exercícios de linguagem funcionam à semelhança dos jogos e disputas organizados pelos guerreiros em períodos de paz. São formas de preparação para a guerra que mantêm os músculos rígidos e o corpo de prontidão. No caso das letras, é um exercício para o desempenho discursivo exigido pela maior parte dos ofícios mais elevados, do púlpito ao senado.

Dentre os recursos expressivos mais frequentes na poesia barroca está a agudeza, que é uma espécie de metáfora marcada pela distância acentuada entre os termos. O tratadista espanhol Baltasar Grácian é um dos autores importantes na conceituação seiscentista de agudeza. Trata-se de uma relação entre termos tão distantes que provoca uma elevação no leitor, pela surpresa com que uma metáfora aguda revela relações imprevistas entre as coisas criadas, relações essas que são por sua vez formas de revelação da razão de Deus, pois tendo sido tudo por ele criado, tudo é passível de ser relacionado e traz a marca desta origem. Grácian define a agudeza como "um ato do enten-

dimento que exprime a correspondência entre os objetos". | 19
Cada espécie de poema admite certo grau de agudeza. Um poema muito longo e muito agudo resultaria inepto, porque sua extensão pediria um uso moderado de agudezas. Mas um poema barroco curto, como são os sonetos, desprovido de alguma agudeza, provavelmente seria julgado como malsucedido, sem vigor e engenho criativos.

O primeiro verso do poema "Lampadário de cristal [...]", do português Jerônimo Baía, diz "Alpe luzido, luminar nevado". O poeta se refere ao lampadário e o metaforiza com uma montanha gelada, o alpe, expressando sua grandeza e a brancura de sua luz. A metáfora é aguda pela desproporção dos termos comparados e também pela distância entre um lustre e uma montanha. Os termos comuns que sustentam a metáfora são a grandeza, física, no caso da montanha, e artística, no caso do lampadário, a luminosidade e a cor. O segundo membro do verso, "Luminar nevado", transfere uma qualidade da cor branca vista na montanha, sua pureza, à luminescência emitida pelo lampadário. Nos versos seguintes ("pompa da régia sala/ tesouro no valor, brinco na gala/ onde a matéria vasta/ fazendo a sutil arte/ o preço abate/ sublimando o preço"), as metáforas são mais diretas, como que para dar um descanso ao leitor, trazendo-o de volta às referências mais imediatas relativas ao lampadário.

Um poema como "Desenganos da vida humana metaforicamente", atribuído a Gregório (mas também a Antonio da Fonseca Soares e Francisco de Vasconcelos), pode servir para uma breve incursão em sua rede de significados.

> É a vaidade, Fábio, nesta vida,
> Rosa, que da manhã lisonjeada,
> Púrpuras mil, com ambição dourada,
> Airosa rompe, arrasta presumida.

É planta, que de abril favorecida,
Por mares de soberba desatada,
Florida galeota empavesada,
Sulca ufana, navega destemida.

É nau enfim, que em breve ligeireza,
Com presunção de Fênix generosa,
Galhardias apresta, alentos preza.

Mas ser planta, ser rosa, nau vistosa
De que importa, se aguarda sem defesa
Penha a nau, ferro a planta, tarde a rosa?

O tema é o conhecido e muito glosado desengano, que agencia a brevidade e vacuidade da vida dos homens. O primeiro quarteto refere o desengano como vaidade e metaforiza a vaidade em rosa: a vaidade é uma rosa. A rosa é predicada principalmente pela brevidade de seu esplendor, que duraria apenas o curso de um dia, "da manhã lisonjeada". O segundo quarteto usa a planta como metáfora: a vaidade é uma planta. Favorecida pela estação do florescimento, que começa no mês de abril, esta planta navega destemida mares de soberba *como* uma galeota florida. O primeiro terceto chama a vaidade de nau: a vaidade é uma nau. Esta navega presunçosa de sua rapidez e galhardia. O segundo terceto deve reduzir estes significados atribuídos à vaidade, como apanágio de desengano, e dar uma razão congruente. A razão é que todos esses termos de comparação, rosa, planta e nau, seriam vaidosos puerilmente já que a todos, após uma existência breve, estaria reservado um fim figurado em objetos contrários: a tarde para a rosa, o ferro para a planta e a penha para a nau. Tudo isso é dado como comparável à vida humana, cuja brevidade admitiria como comparação a eternidade da alma. O primeiro símile é muito adequado. A rosa é considerada uma forma natural de grande beleza e sua duração é breve, pois logo murcha, resseca e morre. O segundo símile, planta, já não é excelente. Nem toda planta é bela e fugaz. Há plantas muito duradouras e que não se destacam pela beleza. O terceiro símile, nau, funciona bem pelo adjetivo "vistosa", mas não admite diretamente a ideia de brevidade, pois é feita para ser sólida e duradoura, capaz de navegar águas agitadas. Ao perfilarmos os três, rosa, planta e nau, também se percebe alguma disparidade em planta, pela proximidade com rosa, que é uma espécie de planta, e também pela proximidade entre galeota e nau, meios de transporte marítimos. Ainda por não formar uma série orientada pela variedade de elementos naturais marcados pela beleza e brevidade. No último verso, se enumeram os elementos que representariam a instabilidade para cada um dos símiles arrolados, tarde, ferro e penha. A tarde marcaria o fenecimento da rosa e se associa à manhã presente no primeiro quarteto. A penha seria uma contingência imprevista na trajetória tranquila de uma nau, podendo ocasionar sua ruína e naufrágio. Não há um termo imediatamente associável, por contrariedade, antes, como poderia ser a docilidade da água em que uma embarcação se move. Já o ferro, que marca o fim do esplendor da planta, precisa que pensemos em um objeto, por exemplo um machado, mas não há para essa ilação nenhuma sugestão no segundo quarteto.

Para fins de comparação, vale a pena reler o soneto "A fragilidade da vida humana", de Francisco de Vasconcelos, sobre o mesmo tema:

> Esse baixel nas praias derrotado,
> Foi nas ondas Narciso presumido;
> Esse farol nos Céus escurecido,
> Foi do monte libré, gala do prado;

Esse Nácar em cinzas desatado,
Foi vistoso Pavão de Abril florido;
Esse Estio em Vesúvios incendido,
Foi Zéfiro suave em doce agrado:

Se a Nau, o Sol, a Rosa, a Primavera,
Estrago, eclipse, cinza, ardor cruel,
Sentem nos auges de um alento vago;

Olha cego mortal, e considera,
Que és Rosa, Primavera, Sol, Baixel,
Para ser cinza, eclipse, incêndio, estrago.[4]

Os quatro símiles para vida humana são arrolados nos dois primeiros quartetos, cada um ocupando dois versos. São eles nau, sol, rosa e primavera. Mas já são figurados na primeira ocorrência como baixel, farol, nácar e estio, suas formas degradadas. O primeiro terceto equipara, no tempo, os símiles aos seus contrários, estrago, eclipse, cinza e ardor. O segundo terceto associa a fragilidade de nau, sol, rosa e primavera à vida humana, advertindo para a identidade dos homens com os mesmos elementos e sua fragilidade.

Se comparamos os poemas atribuídos a Gregório de Matos à poesia de contemporâneos como Baía, D. Francisco Manuel de Melo e Antonio das Chagas veremos que não é um poeta muito notável pelas agudezas que inventa. Isso em parte se deve ao gênero satírico que pratica mais que os outros e também à espécie dos poemas, que muitas vezes são "romances", formas narrativas e prosaicas que se prestam muito bem à sua sátira. A elocução mais

---

[4]Pécora, Alcir (org.) *Poesia seiscentista – Fênix renascida e Postilhão de Apolo*. São Paulo: Hedra, 202, p. 153.

rasteira se deixa surpreender também no léxico, especialmente na apropriação de "ditos populares" ainda hoje presentes no falar cotidiano, como "Quem pretende alcançar, espera", que rememora o popular "quem espera sempre alcança" ("Impaciência do poeta"), "A todos que El-Rei trazem na barriga", que aproveita a expressão "ter o rei na barriga" ("Conselho para quem quiser viver na Bahia estimado e procurado por todos"), ou "por dentro pão bolorento" ("Benze-se o poeta de várias ações que observa na sua pátria"). Nos sonetos também não utiliza metáforas super-rebuscadas como seus contemporâneos e algumas vezes realiza de maneira apenas eficiente os lugares-comuns temáticos, como no caso de "Descrição de uma tormenta", o que também ocorre nos poetas seus contemporâneos.

Existe uma série de oposições, de matriz horaciana, para determinar o grau de abertura e fechamento adequado da metáfora. Há poemas feitos para serem lidos em silêncio, de perto, sozinho, várias vezes, como os sonetos, e nestes a metáfora pode ser efetuada de maneira muito rebuscada. Existem outros feitos não para serem lidos, mas ouvidos, coletivamente, de longe, apenas uma vez, como são os dramas e também as sátiras gregorianas, e nestes a metáfora deve ser clara, de forma a ser compreendida prontamente e produzir o seu efeito.

A poesia atribuída a Gregório de Matos é um riquíssimo manancial das letras produzidas no Brasil colonial. Sua leitura deve ser apoiada no conhecimento de referências discursivas e históricas para resultar plausível. Ler Gregório de Matos, pretensamente, levará ao interesse pelo enorme conjunto de textos produzidos no Brasil dos séculos XVI a XVIII, desde outros poetas como Manoel Botelho de Oliveira até "cronistas" ou tratadistas como Ambrósio Fernandes Brandão, autor dos *Diálogos das grandezas do Brasil*, passando por muitas epopeias heroicas do Novo Mundo e pela extensa epistolografia jesuítica. São poemas e discursos cuja apropriação ampliaria o entendimento do desenvolvimento da produção letrada no Brasil e de suas relações com as matérias históricas que referem.

AMOROSOS

PONDERA AGORA COM MAIS ATENÇÃO A FORMOSURA DE D. ÂNGELA

Não vi em minha vida a formosura,
Ouvia falar nela cada dia,
E ouvida me incitava, e me movia
A querer ver tão bela arquitetura:

Ontem a vi por minha desventura[1]
Na cara, no bom ar, na galhardia[2]
De uma mulher que em Anjo se mentia;
De um Sol, que se trajava em criatura:

Me matem (disse então vendo abrasar-me)
Se esta a coisa não é, que encarecer-me
Sabia o mundo, e tanto exagerar-me:

Olhos meus (disse então por defender-me)
Se a beleza heis de ver para matar-me,
Antes olhos cegueis, do que eu perder-me.

---

[1] *desventura*] desaventura, desastre, desgraça. [As notas foram feitas tendo com base principalmente o *Vocabulário português e latino, áulico, anatômico, architetônico...* de Rafael Bluteau, editado em 1728 na cidade de Coimbra.]
[2] *galhardia*] graça, garbo, gala; brio, primor. Segundo Bluteau "entre nós galhardo se toma em muitos sentidos, *galhardo* [i.e.], bem parecido, bem feito; 'galhardo moço'."

ADMIRÁVEL EXPRESSÃO QUE FAZ O POETA DE SEU ATENCIOSO SILÊNCIO

Largo em sentir, em respirar sucinto,
Peno e calo, tão fino e tão atento,
Que fazendo disfarce do tormento,
Mostro que o não padeço, e sei que o sinto.

O mal que fora encubro ou que desminto,
Dentro no coração é que o sustento:
Com que para penar[3] é sentimento,
Para não se entender é labirinto.

Ninguém sufoca a voz nos seus retiros;
Da tempestade é o estrondo efeito:
Lá tem ecos a terra, o mar suspiros.

Mas ó do meu segredo alto conceito[4]!
Pois não chegam a vir à tona os tiros
Dos combates que vão dentro do peito.

---

[3] *penar*]   ter ou sofrer penas. 'Penar em tormento.'
[4] *conceito*]   pensamento, ideia ou imagem que forma o entendimento de alguma coisa.

SEGUNDA IMPACIÊNCIA DO POETA

Cresce o desejo; falta o sofrimento;
Sofrendo morro; morro desejando:
Por uma, e outra parte estou penando,
Sem poder dar alívio ao meu tormento.

Se quero declarar meu pensamento,
Está-me um gesto grave acovardando;
E tenho por melhor morrer calando,
Que fiar-me de um néscio[5] atrevimento.

Quem pretende alcançar, espera; e cala;
Porque quem temerário se abalança,
Muitas vezes o Amor o desiguala:

Pois se aquele, que espera, sempre alcança;
Quero ter por melhor morrer sem fala;
Que falando, perder toda a esperança.

---

[5] *néscio*] tolo, parvo.

LISONGEIA OUTRA VEZ IMPACIENTE *a retenção de sua mesma desgraça, aconselhando a esposa neste regalado soneto*

Discreta[6] e formosíssima Maria,
Enquanto estamos vendo a qualquer hora
Em tuas faces a rosada Aurora,
Em teus olhos e boca o Sol e o dia:

Enquanto com gentil descortesia
O ar, que fresco Adônis te namora,
Te espalha a rica trança voadora,
Quando vem passear-te pela fria:

Goza, goza da flor da mocidade,
Que o tempo trota a toda ligeireza,
E imprime em toda a flor sua pisada.

Ó, não aguardes que a madura idade
Te converta em flor essa beleza
Em terra, em cinza, em pó, em sombra, em nada.

---

[6]*Discreta*]   segundo Bluteau "*discreto* deriva-se de discernir, e distingue uma coisa da outra, formando juízo delas e dando a cada uma o seu lugar." Ou "que tem muito engenho, muita agudeza".

TERCEIRA VEZ IMPACIENTE *muda o poeta seu soneto na forma seguinte*

Discreta e formosíssima Maria,
Enquanto estamos vendo claramente
Na vossa ardente vista o sol ardente,
E na rosada face a aurora fria:

Enquanto pois produz, enquanto cria
Essa esfera gentil, mina excelente
No cabelo o metal mais reluzente,
E na boca a mais fina pedraria:

Gozai, gozai da flor da formosura,
Antes que o frio da madura idade
Tronco deixe despido, o que é verdura.

Que passado o zênite[7] da mocidade,
Sem a noite encontrar da sepultura,
É cada dia ocaso[8] da beldade.

---

[7] *zênite*] ponto mais elevado, apogeu.
[8] *ocaso*] ocidente, por do sol.

QUIS O POETA EMBARCAR-SE PARA A CIDADE *e antecipando a notícia à sua senhora lhe viu umas derretidas mostras de sentimento em verdadeiras lágrimas de amor*

Ardor em firme coração nascido!
Pranto por belos olhos derramado!
Incêndio em mares de água disfarçado!
Rio de neve em fogo convertido!

Tu, que um peito abrasas escondido,
Tu, que em um rosto corres desatado,
Quando fogo em cristais aprisionado,
Quando cristal em chamas derretido.

Se é fogo como passas brandamente?
Se és neve, como queimas com porfia?[9]
Mas ai! que andou Amor em ti prudente.

Pois para temperar a tirania,
Como quis que aqui fosse a neve ardente,
Permitiu parecesse a chama fria.

---

[9]*porfia?*]   obstinada contenda de palavras; controvérsia.

ADMIRÁVEL EXPRESSÃO DE AMOR
mandando-se-lhe perguntar como passava

Aquele não sei quê, que, Inês, te assiste
No gentil corpo e na graciosa face,
Não sei donde te nasce ou não te nasce,
Não sei onde consiste ou não consiste.

Não sei o quando ou como arder me viste,
Porque Fênix de amor me eternizasse:
Não sei como renasce ou não renasce,
Não sei como persiste ou não persiste.

Não sei como me vai ou como ando,
Não sei o que me dói ou por que parte,
Não sei se vou vivendo ou acabando.

Como logo meu mal hei de contar-te
Se, de quanto a minha alma está penando,
Eu mesmo, que o padeço, não sei parte?!

ROMPE O POETA COM A PRIMEIRA IMPACIÊNCIA *querendo declarar-se e temendo perder por ousado*

Anjo no nome, Angélica na cara!
Isso é flor, e Anjo juntamente:
Ser Angélica flor, e Anjo florente,
Em quem, senão em vós, se uniformara:[10]

Quem vira uma tal flor, que a não cortara,
De verde pé, da rama florescente,
E quem um Anjo vira tão luzente,
Que por seu Deus o não idolatrara?

Se como Anjo sois dos meus altares,
Fôreis o meu Custódio,[11] e a minha guarda,
Livrara eu de diabólicos azares.

Mas vejo, que tão bela, e tão galharda,
Posto que os Anjos nunca dão pesares,
Sois Anjo, que me tenta, e não me guarda.

---

[10]*uniformara:*] que tomou uma forma única.
[11]*Custódio,*] que custodia, guarda, protege.

CHORA O POETA DE UMA VEZ
PERDIDAS ESTAS ESPERANÇAS

A Deus, vão pensamento, a Deus cuidado,
Que eu te mando de casa despedido,
Porque sendo de uns olhos bem nascido,
Foste com desapego mal criado.

Nasceste de um acaso não pensado,
E cresceu-te um olhar pouco advertido,
Criou-te o esperar de um entendido,
E às mãos morreste de um desesperado:

Ícaro[12] foste, que atrevidamente
Te remontaste à esfera da luz pura,
De donde te arrojou teu voo ardente.

Fiar no sol é irracional loucura;
Porque nesse brandão[13] dos céus luzente
Falta a razão, se sobra a formosura.

---

[12] *Ícaro*] filho de Dédalo que, ao fugir do labirinto voando com asas feitas de penas e cera, aproxima-se demais do sol, cujo calor desfaz as asas e Ícaro afoga-se.
[13] *brandão*] *brandão* de cera, espécie de vela grande, lisa e redonda, com vários pavios.

CHORO POR UM BEM PERDIDO

Porque não conhecia o que lograva,
Deixei como ignorante o bem que tinha,
Vim sem considerar aonde vinha,
Deixei sem atender o que deixava:

Suspiro agora em vão o que gozava,
Quando não me aproveita a pena minha,
Que quem errou sem ver o que convinha,
Ou entendia pouco ou pouco amava.

Padeça agora e morra suspirando
O mal, que passo, o bem que possuía;
Pague no mal presente o bem passado.

Que quem podia, e não quis, viver gozando
Confesse que esta pena merecia,
E morra, quando menos confessado.

QUEIXA-SE DE QUE NUNCA FALTEM PENAS PARA A VIDA *faltando a vida para as mesmas penas*

Em o horror desta muda soledade,[14]
Onde voando os ares à porfia,[15]
Apenas solta a luz a aurora fria,
Quando a prende da noite a escuridade.

Ah, cruel apreensão de uma saudade!
De uma falsa esperança fantasia,
Que faz que de um momento passe o dia,
E que de um dia passe à eternidade!

São da dor os espaços sem medida,
E a medida das horas tão pequena,
Que não sei como a dor é tão crescida.

Mas é troca cruel, que o fado[16] ordena;
Porque a pena me cresça para a vida,
Quando a vida me falta para a pena.

---

[14]*soledade,*] solidão.
[15]*à porfia,*] com emulação, com desejo de fazer a alguém uma coisa melhor que outro.
[16]*fado*] destino.

PINTURA ADMIRÁVEL DE UMA BELEZA

Vês esse sol de luzes coroado?
Em pérolas a aurora convertida?
Vês a lua de estrelas guarnecida?
Vês o céu de planetas adorado?

O céu deixemos; vês naquele prado
A rosa com razão desvanecida?[17]
A açucena por alva presumida?
O cravo por galã lisonjeado?

Deixa o prado; vem cá, minha adorada:
Vês desse mar a esfera cristalina
Em sucessivo aljôfar[18] desatada?

Parece aos olhos ser de prata fina?
Vês tudo isso bem? pois tudo é nada
À vista do teu rosto, Catarina.

---

[17] *desvanecida?*]   o que tem vaidade ou glória vã.
[18] *aljôfar*]   pérola miúda, irregular.

NESTE RETIRO DEVEMOS SUPOR *o poeta consultado de vários amigos com alguns assuntos para resolver, e assim prosseguiremos com as obras seguintes*

Fábio, que pouco entendes de finezas!
Quem faz só o que pode, a pouco obriga:
Quem contra os impossíveis se afadiga,
A esse se dê amor em mil ternezas.[19]

Amor comete sempre altas empresas:
Pouco amor, muita sede não mitiga;
Quem impossíveis vence, este me instiga
Vencer por ele muitas estranhezas.

As durezas da cera o sol abranda,
E da terra as branduras endurece,
Atrás do que resiste o raio se anda:

Quem vence a resistência se enobrece;
Quem pode, o que não pode, impera e manda,
Quem faz mais do que pode, esse merece.

---

[19] *ternezas.*] ternuras, carícias.

RETRATA O POETA AS PERFEIÇÕES DE SUA SENHORA *à imitação de outro soneto que fez Felipe* IV *a uma dama somente com traduzi-lo na língua portuguesa*

Se há de ver-vos quem há de retratar-vos,
E é forçoso cegar quem chega a ver-vos,
Se agravar meus olhos e ofender-vos,
Não há de ser possível copiar-vos.

Como neve e rosas quis assemelhar-vos,
Mas fora honrar as flores e abater-vos:
Dois zéfiros por olhos quis fazer-vos,
Mas quando sonham eles de imitar-vos?

Vendo que a impossíveis me aparelho,
Desconfiei da minha tinta imprópria,
E a obra encomendei a vosso espelho.

Porque nele com Luz e cor mais própria
Sereis (se não me engana o meu conselho)
Pintor, Pintura, Original e Cópia.

EPITÁFIO À MESMA BELEZA SEPULTADA

Vemos a luz (ó caminhante espera)
De todas quantas brilham mais pomposa,
Vemos a mais florida Primavera,
Vemos a madrugada mais formosa:
Vemos a gala da luzente esfera,
Vemos a flor das flores mais lustrosa
Em terra, em pó, em cinza reduzida:
Quem te teme ou te estima, ó morte, olvida.

SATÍRICOS

DEFENDE O POETA *por seguro, necessário e reto seu primeiro intento sobre satirizar os vícios*

Eu sou aquele que os passados anos
Cantei na minha lira maldizente
Torpezas do Brasil, vícios e enganos.

E bem que os decantei bastantemente,
Canto segunda vez na mesma lira
O mesmo assunto em plectro[1] diferente.

Já sinto que me inflama ou que me inspira
Talia,[2] que anjo é da minha guarda,
Dês que Apolo[3] mandou que me assistira.

Arda Baiona,[4] e todo o mundo arda,
Que a quem de profissão falta à verdade,
Nunca a Dominga[5] das verdades tarda.

Nenhum tempo excetua a Cristandade
Ao nobre pegureiro[6] do Parnaso
Para falar em sua liberdade.

[1] *plectro*] segundo Bluteau "os poetas chamam de *plectro* a qualquer instrumento musical de cordas".
[2] *Talia,*] nome da musa responsável por presidir a comédia e a poesia lírica, amante de Apolo, que deu à luz os coribantes (Hesíodo, *Teogonia*, 77).
[3] *Apolo*] deus grego, patrono das artes.
[4] *Baiona,*] ou Bayonne, cidade francesa da província dos Pirineus atlânticos, berço do jansenismo.
[5] *Dominga*] mesmo que domingo, que de acordo com Bluteau é considerado "dia do senhor" ou dia "consagrado a grandes mistérios"; dia da confissão.
[6] *pegureiro*] pastorinho de gado; o mais ínfimo dos pastores.

A narração há de igualar ao caso,
E se talvez ao caso não iguala,
Não tenho por Poeta, o que é Pegaso.

De que pode servir calar quem cala,
Nunca se há de falar o que se sente?
Sempre se há de sentir o que se fala!

Qual homem pode haver tão paciente,
Que vendo o triste estado da Bahia,
Não chore, não suspire e não lamente?

Isto faz a discreta fantasia:
Discorre em um e outro desconcerto,
Condena o roubo e increpa a hipocrisia.

O néscio, o ignorante, o inexperto,
Que não elege o bom, nem mau reprova,
Por tudo passa deslumbrado e incerto.

E quando vê talvez na doce trova
Louvado o bem, e o mal vituperado,
A tudo faz focinho e nada aprova.

Diz logo prudentaço e repousado,
Fulano é um satírico, é um louco,
De língua má, de coração danado.

Néscio: se disso entendes nada ou pouco,
Como mofa com risos e algarrazas
Musas, que estimo ter, quando as invoco?

Se souberas falar, também falaras,
Também satirizaras se souberas,
E se foras Poeta, poetizaras.

A ignorância dos homens destas eras
Sisudos faz ser uns, outros prudentes,
Que a mudez canoniza bestas-feras.

Há bons por não poder ser insolentes,
Outros há comedidos de medrosos,
Não mordem outros não, por não ter dentes.

Quantos há que os telhados têm vidrosos,
E deixam de atirar sua pedrada
De sua mesma telha receosos.

Uma só natureza nos foi dada:
Não criou Deus os naturais diversos,
Um só Adão formou, e esse de nada.

Todos somos ruins, todos perversos,
Só nos distingue o vício e a virtude,
De que uns são comensais, outros adversos.

Quem maior a tiver, do que eu ter pude,
Esse só me censure, esse me note,
Calem-se os mais, chitom,[7] e haja saúde.

---

[7] *chitom,*] interjeição para pedir silêncio.

CONTEMPLANDO AS COISAS DO MUNDO *desde o seu retiro, lhe atira com o seu apage,* com quem a nado escapou da tormenta*

> Neste mundo é mais rico o que mais rapa:
> Quem mais limpo se faz tem mais carepa:[8]
> Com sua língua ao nobre o vil decepa:
> O Velhaco maior sempre tem capa.
>
> Mostra o patife da nobreza o mapa:
> Quem tem mão de agarrar, ligeiro trepa;
> Quem menos falar pode, mais increpa:[9]
> Quem dinheiro tiver, pode ser Papa.
>
> A flor baixa se inculca por Tulipa;
> Bengala hoje na mão, ontem garlopa:[10]
> Mais isento se mostra, o que mais chupa.
>
> Para a tropa do trapo vazo a tripa,
> E mais não digo, porque a Musa topa
> Em apa, epa, ipa, opa, upa.

---

*apage,] Segundo Bluteau, *apage* "é termo usado dos poetas cômicos latinos e derivado do verbo grego *apagein*, que vale o mesmo que 'enxotar' ou 'lançar fora' ".

[8] *carepa:*] caspa.
[9] *increpa:*] repreende com força, com rigor, com severidade.
[10] *garlopa:*] plaina para madeira.

CONSELHO PARA QUEM QUISER VIVER NA BAHIA *estimado e procurado por todos*

Quem cá quiser viver, seja um Gatão;
Infeste toda a terra, invada os mares;
Seja um Chegai, ou um Gaspar Soares;
E por si terá toda a Relação.

Sobejar-lhe-á na mesa vinho e pão,
E siga os que lhe dou por exemplares,
Que a vida passará sem ter pesares,
Assim como os não tem Pedro de Unhão.

Quem cá se quer meter a ser sisudo,
Nunca lhe falta um Gil que o persiga;
E é mais aperreado que um cornudo.

Furte, coma, beba e tenha amiga,
Porque o nome d'El Rei dá para tudo
A todos que El-Rei trazem na barriga.

DESEMPULHA-SE O POETA DA CANALHA PERSEGUIDORA *contra os homens sábios, catando benevolência aos nobres*

Que me quer o Brasil, que me persegue?
Que me querem pasguates,[11] que me invejam?
Não veem que os entendidos me cortejam,
E que os nobres é gente que me segue?

Com o seu ódio a canalha que consegue?
Com sua inveja os néscios que motejam?
Se quando os néscios por meu mal mourejam,[12]
Fazem os sábios que a meu mal me entregue.

Isto posto, ignorantes e canalha,
Se ficam por canalha, e ignorantes
No rol das bestas a roerem palha:

E se os senhores nobres e elegantes
Não querem que o soneto vá de valha,[13]
Não vá, que tem terríveis consoantes.

---

[11] *pasguates,*] tolo, idiota, pacóvio.
[12] *mourejam,*] trabalhar muito.
[13] *vá de valha,*] *ir de valha*: expressão que significa injusto, inadequado.

A CERTO HOMEM PRESUMIDO *que afetava fidalguia por enganosos meios*

Bote a sua casaca de veludo,
E seja capitão sequer dois dias,
Converse à porta de Domingos Dias,
Que pega fidalguia mais que tudo.

Seja um magano,[14] um pícaro,[15] abelhudo,
Vá a palácio, e após das cortesias
Perca quanto ganhar nas mercancias,
E em que perca o alheio, esteja mudo.

Sempre se ande na caça e montaria,
Dê nova solução, novo epíteto,
E diga-o, sem propósito, à porfia;

Que em dizendo: "facção, pretexto, efeito"
Será no entendimento da Bahia
Mui fidalgo, mui rico e mui discreto.

---

[14]*magano,*] homem de qualquer qualidade, que faz ações baixas.
[15]*pícaro,*]   vil, patife.

SANTIGUA-SE[*] O POETA CONTRA OUTROS PATARATAS[*] AVARENTOS
injustos, hipócritas, murmuradores e por várias maneiras viciosos, o que tudo julga em sua pátria

Destes que campam no mundo
sem ter engenho profundo,
e, entre gabos dos amigos,
os vemos em papa-figos[16]
sem tempestade, nem vento:
Anjo Bento.

De quem com letras secretas
tudo que alcança é por tretas,[17]
baculejando[18] sem pejo,[19]
por matar o seu desejo,
desde a manhã té a tarde:
Deus me guarde.

Do que passeia farfante,
muito prezado de amante,
por fora luvas, galões,
insígnias, armas, bastões,
por dentro pão bolorento:
Anjo Bento.

[*]*Santigar-se*] benzer-se de alguém.
[*]pataratas] mentirosos.
[16]*vemos em papa-figos*] com velas de barco bem abertas.
[17]*tretas,*] trapaças, fraudes.
[18]*baculejando*] movimentar o báculo, bastão.
[19]*pejo,*] pudor, vergonhosa modéstia.

Destes beatos fingidos,
cabisbaixos, encolhidos,
por dentro fatais maganos,
sendo nas caras uns Janos,[20]
que fazem do vício alarde:
Deus me guarde.

Que vejamos teso andar,
quem mal sabe engatinhar,
mui inteiro e presumido,
ficando o outro abatido
com maior merecimento:
Anjo Bento.

Destes avaros mofinos,[21]
que põem na mesa pepinos
de toda a iguaria isenta,
com seu limão e pimenta,
porque diz que queima e arde:
Deus me guarde.

Que pregue um douto sermão
um alarve,[22] um asneirão,
e que esgrima em demasia
quem nunca já na Sofia
soube pôr um argumento:
Anjo Bento.

---

[20] *Janos,*]   divindade latina representada geralmente com duas faces, uma voltada à frente e outra para trás.

[21] *mofinos,*]   desgraçados; mesquinhos.

[22] *alarve,*]   homem rústico, sem modos. Bluteau lembra que a palavra é corruptela de "*alarabe*", isto é, "mouro", "árabe".

Desse santo emascarado,
que fala do meu pecado,
e se tem por Santo Antônio,
mas em lutas com o demônio
se mostra sempre covarde:
Deus me guarde.

Que atropelando a justiça
só com virtude postiça,
se premie o delinquente,
castigando o inocente
por um leve pensamento:
Anjo Bento.

À BAHIA

Tristes sucessos, casos lastimosos,
Desgraças nunca vistas, nem faladas,
São, ó Bahia!, vésperas choradas
De outros que estão por vir mais estranhosos.

Sentimo-nos confusos, e teimosos,
Pois não damos remédios às já passadas,
Nem prevemos tampouco as esperadas,
Como que estamos delas desejosos.

Levou-vos o dinheiro a má fortuna,
Ficamos sem tostão, real nem branca,
Macutas,[23] correão, novelos, molhos:

Ninguém vê, ninguém fala, nem impugna,
E é que, quem o dinheiro nos arranca,
Nos arrancam as mãos, a língua, os olhos.

---

[23] *Macutas,*] antiga moeda portuguesa.

AO DESEMBARGADOR BELQUIOR DA CUNHA BROCHADO *vindo de sindicar* o Rio de Janeiro em ocasião que estava o poeta preso pelo ouvidor do crime pelo furto de uma negra, soltando-se na mesma ocasião o ladrão*

Senhor Doutor, muito bem-vindo seja
A esta mofina e mísera cidade,
Sua justiça agora, e equidade,
E letras com que a todos causa inveja.

Seja muito bem-vindo, por que veja
O maior disparate e iniquidade,
Que se tem feito em uma e outra idade
Desde que há tribunais, e quem os reja.

Que me há de suceder nestas montanhas
Com um ministro em leis tão pouco visto,
Como previsto em trampas[24] e maranhas?[25]

É ministro de império, mero e misto,
Tão Pilatos no corpo e nas entranhas,
Que solta a um Barrabás, e prende a um Cristo.

---

*sindicar] o mesmo que censurar, repreender.
[24]*trampas*] trapaças, armadilhas.
[25]*maranhas?*] algo emaranhado, embaraçado. Metaforicamente, "negócio malicioso", "intriga".

PRESO FINALMENTE O NOSSO POETA | 57
pelos motivos que já dissemos em sua vida e condenado a ir degredado para Angola por ordem de D. João de Alencastre, governador então deste estado: pondera quão adverso é o Brasil sua ingrata pátria aos homens beneméritos; e com desafogo* de homem forte graceja um pouco as mulatas meretrizes

Não sei para que é nascer
neste Brasil empestado
um homem branco e honrado
sem outra raça.

Terra tão grosseira e crassa,[26]
que a ninguém se tem respeito,
salvo quem mostra algum jeito
de ser Mulato.

Aqui o cão arranha o gato,
não por ser mais valentão,
mas porque sempre a um cão
outros acodem.

Os Brancos aqui não podem
mais que sofrer e calar,
e se um negro vão matar
chovem despesas.

*desafogo]   em sentido moral, ato de satisfazer o desejo com alguma demonstração exterior.
[26]*crassa,*]   rude, ignorante.

Não lhe valem as defesas
do atrevimento de um cão,
porque acode a Relação[27]
sempre faminta.

Logo a fazenda e a quinta
vai com tudo o mais à praça,
onde se vende de graça
ou fiado.

Que aguardas, homem honrado,
vendo tantas sem-razões,
que não vás para as nações
de Berberia?[28]

Porque lá se te faria
com essa barbaridade
mais razão e mais verdade
que aqui fazem.

Porque esperar que te engrazem[29]
e esgotem os cabedais,
os que tens por naturais,
sendo estrangeiros!

Ao cheiro dos teus dinheiros
vêm com cabedal[30] tão fraco,
que tudo cabe num saco,
que anda às costas.

---

[27] *Relação*] tribunal.
[28] *Berberia?*] Berberia ou Barbaria designa a África, especialmente a parcela arabizada.
[29] *engrazem*] engrazar, mesmo que engraçar.
[30] *cabedal*] bens, riquezas, propriedades.

Os pés são duas lagostas
de andar montes, passar vaus,
as mãos são dois bacalhaus
já bem ardidos.

Sendo dois anos corridos,
na loja estão recostados
mais doces e enfidalgados,
que os mesmos Godos.[31]

A mim me faltam apodos,[32]
com que apodar estes tais
meganos de três canais
até a ponta.

Há outros de pior conta,
que entre estes e entre aqueles
veem cheios de PP e LL
atrás do ombro.

De nada disto me assombro
pois bota aqui o Senhor
outros de marca maior
gualde[33] e tostada.

Perguntai à gente honrada,
por que causa se desterra;
diz que tem quem lá na terra
lhe queima o sangue.

---

[31] *Godos.*]   povos góticos.
[32] *apodos,*]   apelidos.
[33] *gualde*]   ou gualdo, amarelo.

Vem viver ao pé de um mangue
e já vos veda o mangal,[34]
porque tem mais cabedal,
que Porto Rico.

Se algum vem de agudo bico,
lá vão prendê-lo ao sertão,
e ei-lo bugio em grilhão
entre os galfarros.[35]

A terra é para os bizarros,[36]
que vêm da sua terrinha
com mais gorda camisinha
que um traquete.[37]

Que me dizeis do clerguete,[38]
que mandaram degradado
por dar o óleo sagrado
à sua Puta.

E a velhaca dissoluta
destra em todo o artifício
fez co óleo um malefício
ao mesmo Zote.[39]

---

[34] *mangal,*]   mangue ou manguezal.
[35] *galfarros.*]   soberbos, valentões.
[36] *bizarros,*]   homens de boa saúde e bem postos.
[37] *traquete.*]   vela pequena que fica no mastro mais alto do navio.
[38] *clerguete,*]   pejorativo de clergo, mesmo que clérigo.
[39] *Zote.*]   idiota, pateta, ignorante.

Folgo de ver tanto asnote,[40]
que com seus risonhos lábios
andam zombando dos sábios
e entendidos.

E porque são aplaudidos
de outros da sua facção,
se fazem co'a discrição[41]
como com terra.

E dizendo ferra ferra,
quando vão a pôr o pé,
conhecem, que em boa fé,
são uns asninhos.

Porque com quatro ditinhos[42]
de conceitos estudados
não podem ser graduados
nas ciências.

Então suas negligências
os vão conhecendo ali,
porque de si para si
ninguém se engana.

Mas em vindo outra semana,
já caem no pecado velho,
e presumem dar conselho
a um Catão.

---

[40] *asnote,*] asninho.
[41] *discrição*] discernimento do que é exato e verdadeiro, usando de conceitos exatos, de boas sentenças, bem escolhidas e expressas, "com agudeza e juízo e não como o vulgar dos homens" (Bluteau).
[42] *ditinhos*] ditos.

Aqui frisava[43] o Frisão,
que foi o Heresiarca,[44]
porque mais da sua alparca[45]
o aprenderam.

As Mulatas me esqueceram,
a quem com veneração
darei o meu beliscão
pelo amoroso.

Geralmente é mui custoso
o conchego das Mulatas,
que se foram mais baratas,
não há mais Flandes.

As que presumem de grandes,
porque têm casa, e são forras
têm, e chamam de cachorras,
às mais do trato.

Angelinha do Sapato,
valeria um pino de Ouro,
porém tem o cagadouro
muito abaixo.

Traz o amigo cabisbaixo
com muitas aleivosias,[46]
sendo que às Ave-Marias
lhe fecha a porta.

---

[43] *frisava*]   pentear e retorcer.
[44] *Heresiarca,*]   autor de alguma heresia.
[45] *alparca*]   tipo de calçado rústico.
[46] *aleivosias,*]   maldade cometida por traiçoeiro que se passa por amigo.

Mas isso porém que importa
se ao fechar se põe já nua,
e sobre o plantar na rua
ainda a veste.

Fica dentro quem a investe,
e o de fora suspirando
lhe grita de quando em quando
ora isto basta.

Há gente de tão má casta,
e de tão ruim catadura,[47]
que até esta cornadura[48]
bebe e verte.

Todos Agrela converte,
porque se com tão ruim puta
a alma há de ser dissoluta,
antes mui Santa.

Quem encontra ossada tanta
nos beiços de uma caveira,
vai fugindo de carreira,
e a Deus busca.

Em uma cova se ofusca,
como eu estou ofuscado,
chorando o magro pecado,
que fiz com ela.

---

[47] *catadura,*] aparência, aspecto.
[48] *cornadura*] conjunto de cornos de um animal como o veado.

É mui semelhante a Agrela
a Mingota dos Negreiros,
que me mamou os dinheiros,
o pôs-me à orça.[49]

A Mangá com ser de alcorça[50]
dá-se a um pardo vaganau,
que a cunha do mesmo pau
melhor atocha.

À Mariana da Rocha,
por outro nome a Pelica,
nenhum homem já dedica
a sua prata.

Não há no Brasil Mulata
que valha um recado só.
Mas Joana Picaró
o Brasil todo.

Se em gostos não me acomodo
das mais, não haja disputa,
cada um gabe[51] a sua puta,
e haja sossego.

Porque eu calo o meu emprego
e o fiz com toda atenção,
porque tal veneração
se lhe devia.

---

[49] *pôs-me à orça.*] termo marítimo. Ir à orça, meter à orça, "é pôr a vela de forte, que o navio que não podia tomar o vento direito, o tome por um lado." (Bluteau)
[50] *alcorça*] cobertuna fina de açúcar usada em confeitaria.
[51] *gabe*] elogie.

Fica-te em boa, Bahia,
que eu me vou por esse mundo
cortando pelo mar fundo
numa barquinha.

Porque inda que és pátria minha,
sou segundo Cipião,
que com dobrada razão
a minha ideia
te diz "*non possedebis ossa mea.*[52]"

---

[52] *non possedebis ossa mea.*]   não possuirás meus ossos.

AO CONDE DE ERICEIRA *D. Luiz de Menezes pedindo louvores ao poeta não lhe achando ele préstimo algum*

Um soneto começo em vosso gabo;
Contemos esta regra por primeira,
Já lá vão duas, e esta é a terceira,
Já este quartetinho está no cabo.

Na quinta torce agora a porca o rabo:
A sexta vá também desta maneira,
Na sétima entro já com grã canseira,
E saio dos quartetos muito brabo.

Agora nos tercetos que direi?
Direi que vós, Senhor, a mim me honrais,
Gabando-vos a vós, e eu fico um Rei.

Nesta vida um soneto já ditei,
Se desta agora escapo, nunca mais;
Louvado seja Deus, que o acabei.

DEVOCIONAIS

AO MENINO JESUS *de N. Senhora das Maravilhas, a quem infiéis despedaçaram achando-se a parte do peito*

Entre as partes do todo a melhor parte
Foi a parte em que Deus pôs o amor todo
Se na parte do peito o quis pôr todo
O peito foi do todo a melhor parte.

Parta-se pois de Deus o corpo em parte,
Que a parte em que Deus fiou o amor todo
Por mais partes que façam deste todo,
De todo fica intacta essa só parte.

O peito já foi parte entre as do todo,
Que tudo o mais rasgaram parte à parte;
Hoje partem-se as partes deste todo:

Sem que do peito todo rasguem parte,
Que lá quis dar por partes o amor todo
E agora o quis dar todo nesta parte.

70 | AO BRAÇO DO MESMO MENINO JESUS QUANDO APARECEU

O todo sem a parte não é todo,
A parte sem o todo não é parte,
Mas se a parte o faz todo, sendo parte,
Não se diga que é parte, sendo todo.

Em todo o Sacramento[1] está Deus todo,
E todo assiste inteiro em qualquer parte,
E feito em partes todo em toda a parte,
Em qualquer parte sempre fica o todo.

O braço de Jesus não seja parte,
Pois que feito Jesus em partes todo,
Assiste cada parte em sua parte.

Não se sabendo parte deste todo,
Um braço que lhe acharam, sendo parte,
Nos disse as partes todas deste todo.

---

[1] *Sacramento*] em teologia, sinal visível e exterior da graça, que invisivelmente dá Deus à alma para a santificar.

AO DIA DO JUÍZO

O alegre do dia entristecido,
O silêncio da noite perturbado.
O resplendor do sol todo eclipsado,
E o luzente da lua desmentido.

Rompa todo o criado em um gemido.
Que é de ti mundo? onde tens parado?
Se tudo neste instante está acabado,
Tanto importa o não ser, como haver sido.

Soa a trombeta da maior altura,
A que a vivos e mortos traz o aviso
Da desventura de uns, d'outros ventura.

Acabe o mundo, porque é já preciso,
Erga-se o morto, deixe a sepultura,
Porque é chegado o dia do juízo.

A CRISTO S. N. CRUCIFICADO *estando o poeta na última hora de sua vida*

Meu Deus, que estais pendente em um madeiro,
Em cuja lei protesto de viver,
Em cuja santa lei hei de morrer
Animoso, constante, firme e inteiro:

Neste lance, por ser o derradeiro,
Pois vejo a minha vida anoitecer,
É, meu Jesus, a hora de se ver
A brandura de um Pai manso Cordeiro.

Mui grande é vosso amor e meu delito,
Porém pode ter fim todo o pecar,
E não o vosso amor, que é infinito.

Esta razão me obriga a confiar,
Que, por mais que pequei, neste conflito
Espero em vosso amor de me salvar.

AO MESMO ASSUNTO E NA MESMA OCASIÃO

Pequei, Senhor; mas não porque hei pecado,
Da vossa piedade me despido;
Porque, quanto mais tenho delinquido,
Vos tenho a perdoar mais empenhado.

Se basta a vos irar tanto pecado,
A abrandar-vos sobeja um só gemido:
Que a mesma culpa, que vos há ofendido,
Vos tem para o perdão lisonjeado.

Se uma ovelha perdida e já cobrada
Glória tal e prazer tão repentino
Vos deu, como afirmais na sacra história,

Eu sou, Senhor, a ovelha desgarrada,
Cobrai-a; e não queirais, pastor divino,
Perder na vossa ovelha a vossa glória.

AO SANTÍSSIMO SACRAMENTO ESTANDO PARA COMUNGAR

Tremendo chego, meu Deus
ante vossa divindade,
que a fé é muito animosa,
mas a culpa mui covarde.

À vossa mesa divina
como poderei chegar-me,
se é triaga[3] da virtude
e veneno da maldade?

Como comerei de um pão,
que me dais, porque me salve,
um pão que a todos dá vida,
e a mim temo que me mate?

Como não hei de ter medo
de um pão, que é tão formidável,
vendo que estais todo em tudo,
e estais todo em qualquer parte?

Quanto a que o sangue vos beba,
isso não, e perdoai-me:
como quem tanto vos ama,
há de beber-vos o sangue?

---

[3] *triaga*] ou teriaga: mistura de 63 elementos usada no passado contra diversas doenças; remédio.

Beber o sangue do amigo
é sinal de inimizade;
pois como quereis que o beba
para confirmarmos pazes?

Senhor, eu não vos entendo,
vossos preceitos são graves,
vossos juízos são fundos,
vossa ideia inescrutável.

Eu confuso neste caso,
entre tais perplexidades
de salvar-me ou de perder-me,
só sei que importa salvar-me.

Oh! se me déreis tal graça
que tenho culpas a mares,
me virá salvar na tábua
de auxílios tão eficazes!

E pois já à mesa cheguei,
onde é força alimentar-me
deste manjar, de que os anjos
fazem seus próprios manjares,

Os anjos, meu Deus, vos louvem,
que os vossos arcanjos sabem,
e os santos todos da glória
que o que vos devem, vos paguem.

Louve-vos minha rudeza,
por mais que sois inefável,
porque se os brutos vos louvam,
será a rudeza bastante.

Todos os brutos vos louvam,
troncos, penhas, montes, vales,
e pois vos louva o sensível,
louve-vos o vegetável.

A N. SENHOR JESUS CRISTO *com atos de arrependimento e suspiros de amor*

Ofendi-vos, meu Deus, é bem verdade,
É verdade, Senhor, que hei delinquido,
Delinquido vos tenho, e ofendido,
Ofendido vos tem minha maldade.

Maldade, que encaminha à vaidade,
Vaidade, que todo me há vencido,
Vencido quero ver-me e arrependido,
Arrependido a tanta enormidade.

Arrependido estou de coração,
De coração vos busco, dai-me os braços,
Abraços, que me rendem vossa luz.

Luz, que claro me mostra a salvação,
A salvação pretendo em tais abraços,
Misericórdia, amor, Jesus, Jesus!

A CONCEIÇÃO IMACULADA DE MARIA SANTÍSSIMA

Como na cova tenebrosa, e escura,
A quem abriu o original pecado,
Se o próprio Deus a mão vos tinha dado,
Podíeis vós cair, ó Virgem pura?

Nem Deus, que o bem das almas só procura,
De todo vendo o mundo arruinado,
Permitira a desgraça haver entrado
Donde havia sair nova ventura.

Nasce a rosa de espinhos coroada,
Mas se é pelos espinhos assistida,
Não é pelos espinhos magoada.

Bela Rosa, ó Virgem esclarecida!
Se entre a culpa, se vê, fostes criada,
Pela culpa não fostes ofendida.

ENCOMIÁSTICOS

EPITÁFIO À SEPULTURA DO MESMO EX.MO SENHOR ARCEBISPO <D. Frei Manuel da Ressurreição>

Este mármore encerra, ó Peregrino,
Se bem que a nossos olhos já guardado,
Aquele que na terra foi sagrado,
Para que lá no céu fosse divino.

De seu merecimento justo e digno
Prêmio, pois na terra nunca irado
Se viu o seu poder e o seu cajado
Neste nosso hemisfério ultramarino.

Enfim Relíquias de um prelado[1] santo
Oculta este piedoso monumento:
As lágrimas detém, enxuga o pranto.

Prostra-te reverente e beija atento
As cinzas, de quem deu ao mundo espanto,
E a todos os prelados documento.[2]

---

[1] *prelado*] superior eclesiástico constituído em alguma das dignidades da Igreja.
[2] *documento.*] como monumento, memória para a posteridade.

AO MESMO <DESEMBARGADOR DIONISIO DE AVILA VARREIRO> POR SUAS ALTAS PRENDAS

Dou   pruden   nobre, huma   afá
   to,   te,   no,   vel,
Re   cien   benig   e aplausí
Úni   singular, ra   inflexí
   co,   ro,   vel,
Magnífi   precla   incompará
Do mun   grave Ju   inimitá
     do   is   vel
Admira   goza   o aplauso crí
Po   a trabalho tan   e t   terrí
  is   to   ão   vel
Da   pron   execuç   sempre incansá
Voss   fa   Senhor sej   notór
   a   ma   a   ia
L   no cli   onde nunc   chega o d
Ond   de Ere   só se   tem memór
  e   bo   ia
Para qu   gar   tal, tanta energ
po   de tod   est   terr   é gentil glór
  is   a   a   a   ia
Da ma   remot   sej   um   alegr

DESCRITIVOS

DESCREVE UM HORROROSO DIA DE TROVÕES

Na confusão do mais horrendo dia,
Painel da noite em tempestade brava.
O fogo com o ar se embaraçava,
Da terra e ar o ser se confundia.

Bramava o mar, o vento embravecia,
A noite em dia enfim se equivocava,
E com estrondo horrível, que assombrava,
A terra se abalava e estremecia.

Desde o alto aos côncavos rochedos,
Desde o centro aos altos obeliscos
Houve temor nas nuvens e penedos.

Pois dava o Céu, ameaçando riscos
Com assombros, com pasmos e com medos,
Relâmpagos, trovões, raios, coriscos.

A UM VIZINHO DÁ CONTA O POETA *em uma manhã de inverno do que se passava com o frio*

Que vai por lá, Senhor, que vai por lá:
Como vos vai com este vento Sul,
Que eu já tenho de frio a cara azul,
E mais roxo o nariz que um mangará?[1]

Vós na tipoia feito um Cobepá
Estais mais regalado que um Gazul,
E eu sobre o espinhaço de um baú
Quebrei duas costelas e uma pá.

Traz o Zabel o cachimbo a fazer sono,
E se o sono pesar como o cachimbo,
Dormirei mais pesado do que um mono.[2]

Vêm as brasas depois, que valem jimbo:[3]
E eu de frio não durmo, nem ressono,
E sem pena, nem glória estou no limbo.[4]

---

[1] *mangará?*] ponta da inflorescência da bananeira.
[2] *mono.*] macaco.
[3] *jimbo:*] antiga moeda congolesa; dinheiro.
[4] *limbo.*] lugar para onde vão as almas dos que morrem antes do uso da razão.

DESCREVE O QUE ERA REALMENTE NAQUELE TEMPO A CIDADE DA BAHIA
demais enredada por menos confusa

A cada canto um grande conselheiro,
Que nos quer governar a cabana e vinha;
Não sabem governar sua cozinha
E podem governar o mundo inteiro.

Em cada porta um frequente olheiro,
Que a vida do vizinho e da vizinha
Pesquisa, escuta, espreita e esquadrinha,
Para o levar à praça e ao terreiro.

Muitos mulatos desavergonhados,
Trazidos pelos pés os homens nobres,
Posta nas palmas toda a picardia,[5]

Estupendas usuras nos mercados,
Todos os que não furtam muito pobres:
E eis aqui a cidade da Bahia.

---

[5] *picardia,*] malícia, insulto ou desrespeito.

NOVAS DO MUNDO QUE LHE PEDIU POR CARTA UM AMIGO *de fora por ocasião da frota*

França está mui doente das ilhargas,
Inglaterra tem dores de cabeça;
Purga-se Holanda, e temo lhe aconteça
Ficar debilitada com descargas.

Alemanha lhe aplica ervas amargas,
Botões de fogo com que convalesça;
Espanha não lhe dá que este mal cresça,
Portugal tem saúde e forças largas.

Morre Constantinopla, está ungida;
Veneza engorda e toma forças dobres;
Roma está bem, e toda a Igreja boa.

Europa anda de humores mal regida;
Na América arribaram muitos pobres:
Estas as novas são que há de Lisboa.

LAMENTA O POETA O TRISTE PARADEIRO DA SUA FORTUNA
descrevendo as misérias do reino de angola para onde o desterraram

Nesta turbulenta terra,
armazém de pena e dor,
confusa mais do temor,
        inferno em vida.

Terra de gente oprimida,
monturo[6] de Portugal,
para onde purga seu mal,
        e sua escória:

Onde se tem por vanglória
o furto, a malignidade,
a mentira, a falsidade,
        e o interesse:

Onde a justiça perece
por falta de quem a entenda,
e onde para haver emenda
        usa Deus,

Do que usava cos Judeus,
quando era Deus de vinganças,
que com todas as três lanças
        de sua ira

De seu tronco nos atira
com peste, e sanguínea guerra,
com infecúndias da terra,
        e pestilente

---

[6]*monturo*]   monte de esterco ou imundices.

Febre maligna, e ardente,
que aos três dias, ou aos sete
debaixo da terra mete
        o mais robusto.

Corpo queimado e combusto,
sem lhe valer medicina,
como se peçonha fina
        fora o ar:

Deste nosso respirar
efeitos da zona ardente,
onde a etiópica gente
        faz morada:

Gente asnal e tostada,
que da cor da escura noite
a pura marca, e açoite
        se encaminha:

Aqui a fortuna minha
conjurada com seu fado
me trazem em tal estado,
        qual me vejo.

Aqui onde o meu desejo
debalde busca seu fim,
e sempre me acho sem mim,
        quando me busco.

Aqui onde o filho é fusco,
e quase negro é o neto,
negro de todo o bisneto
        e todo escuro;

Aqui onde ao sangue puro
o clima gasta, e conforme,
o gesto rói, e corcome
           o ar e o vento,

Sendo tão forte e violento,
que ao bronze metal eterno,
que o mesmo fogo do inferno
           não gastara,

O racha, quebra e prepara,
que o reduz a quase nada;
os bosques são vil morada
           de Empacassas

Animais de estranhas raças,
de Leões, Tigres e Abadas,[7]
Elefantes às marradas,[8]
           e matreiros:[9]

Lobos servis, carniceiros,
Javalis de agudas setas,
Monos, Bugios de tretas
           e dos rios

Há maldições de assobios
de crocodilos manhosos
de cavalos espantosos
           dos marinhos,

---

[7] *Abadas,*]   nome do rinoceronte na Índia e na África.
[8] *marradas,*]   chifrada de carneiro ou cabra.
[9] *matreiros:*]   astuto, sagaz, sabido.

Que fazem horrendos ninhos
nas mais ocultas paragens
das emaranhadas margens,
        e se acaso,

Quereis encher de água um vaso,
chegando ao rio ignorante
logo nesse mesmo instante
        vos sepulta

Na tripagem mais oculta
um intrépido lagarto,
vós inda vivo, ele farto:
        pelo que

Não ousais a pôr o pé
uma braça da corrente
que este tragador da gente
        vos obriga

A fugir-lhe da barriga;
Deus me valha, Deus me acuda,
e com sua santa ajuda
        me reserve:

Em terra não me conserve,
onde a sussurros, e a gritos
a multidão de mosquitos
        toda a noite

Me traga em contínuo açoite,
e bofetadas soantes,
porque as veias abundantes
        do vital

Humor puro e cordial
não veja quase rasgadas
a puras ferretoadas:
        e inda é mais;

Se acaso vos inclinais
por fugir da ocasião
da vossa condenação
        a lavrador,

Estando a semente em flor,
qual contra pintos minhotos,[10]
um bando de gafanhotos,
        imundícia,

Ou qual bárbara milícia
em confusos esquadrões
marcham confusas legiões,
        (estranho caso!)

Que deixam o campo raso,
sem raiz, talo, nem fruto,
sem que o lavrador astuto
        valer lhe possa:

Antes metido na choça
se lastima, e desconsola
vendo o quão geral assola
        esta má praga.

Há uma cobra, que traga
de um só sorvo, e de um bocado
um grandíssimo veado:
        e se me ouvis,

---

[10] *minhotos,*] natural da região do Minho (Portugal).

Há outra chamada Enfuís,
que se vos chegais a ela
vos lança uma esguicha dela
        de peçonha,

Quantidade, que se exponha
bem dos olhos na menina,
com dores, que desatina
        o paciente:

Cega-vos incontinenti
que o trabuco vos assesta
distante um tiro de besta:
        (ó clemência

De Deus?) ó onipotência,
que nada embalde criaste!
Para que depositaste
        num lugar

Instrumentos de matar
tais, e em tanta quantidade!
e se o sol com claridade,
        e reflexão

É causa da geração
como aqui corrompe e mata?
e se a lua cria a prata,
        e seu humor

Almo, puro e criador
comunica às verdes plantas,
como aqui maldades tantas
        descarrega?

E se a chuva só se emprega
em fertilizar os prados,
como febres aos molhados
            dá mortais?

E se quantos animais
a terra sustenta e cria
são dos homens comédia,
            como nesta

Terra maldita e infesta,
triste, horrorosa e escura
são dos homens sepultura?
            Mas, Senhor,

Vós sois sábio e criador
desta fábrica do mundo,
e é vosso saber profundo,
            e sem medida.

Lembrai-vos da minha vida,
antes que em pó se desfaça,
ou dai-me da vossa graça
por eterna despedida.

DESCREVE O POETA A CIDADE DO RECIFE EM PERNAMBUCO

Por entre o Beberibe e o Oceano
Em uma areia sáfia e lagadiça
Jaz o Recife, povoação mestiça,
Que o Belga edificou, ímpio tirano.

O povo é pouco, e muito pouco urbano,
Que vive à mercê de uma linguiça,
Unha-de-velha insípida enfermiça,
E camarões de charco em todo o ano.

As damas cortesãs, e por rasgadas[11]
Olhas podridas[12] são, e pestilências,
Elas com purgações nunca purgadas.

Mas a culpa têm vossas reverências,
Pois as trazem rompidas e escaladas
Com cordões, com bentinhos e indulgências.

[11] *rasgadas*] fartas.
[12] *Olhas podridas*] prato servido com sopa, feito com um pedaço de carne de vaca gordo, galinha, perdiz ou pombo, coelho, lebre, orelha de porco, chouriços, linguiça, misturados com nabos, castanhas e tempeiros.

MORAIS

MORALIZA O POETA NOS OCIDENTES DO SOL A INCONSTÂNCIA DOS BENS DO MUNDO

Nasce o Sol, e não dura mais que um dia,
Depois da Luz se segue a noite escura,
Em tristes sombras morre a formosura,
Em contínuas tristezas a alegria.

Porém, se acaba o Sol, por que nascia?
Se é tão formosa a Luz, por que não dura?
Como a beleza assim se transfigura?
Como o gosto da pena assim se fia?

Mas no Sol, e na Luz falte a firmeza,
Na formosura não se dê constância,
E na alegria sinta-se tristeza.

Começa o mundo enfim pela ignorância,
E tem qualquer dos bens por natureza
A firmeza somente na inconstância.

DESCREVE COM GALHARDA PROPRIEDADE O LABIRINTO DE SUAS DESCONFIANÇAS

Ó caos confuso, labirinto horrendo,
Onde não topo luz, nem fio amando;
Lugar de glória, aonde estou penando;
Casa da morte, aonde estou vivendo!

Ó voz sem distinção, Babel tremendo,
Pesada fantasia, sono brando,
Onde o mesmo que toco, estou sonhando,
Onde o próprio que escuto, não o entendo!

Sempre és certeza, nunca desengano,
E a ambas propensões, com igualdade
No bem te não penetro, nem no dano.

És, ciúme, martírio da vontade,
Verdadeiro tormento para engano,
E cega presunção para verdade.

QUEIXA-SE O POETA EM QUE O MUNDO VAI ERRADO *e querendo emendá-lo o tem por empresa dificultosa*

Carregado de mim ando no mundo,
E o grande peso embarga-me as passadas,
Que como ando por vias desusadas,
Faço o peso crescer, e vou-me ao fundo.

O remédio será seguir o imundo
Caminho, onde dos mais vejo as pisadas
Que as bestas andam juntas mais ornadas,
Do que anda só o engenho mais profundo.

Não é fácil viver entre os insanos,
Erra, quem presumir que sabe tudo,
Se o atalho não soube dos seus danos.

O prudente varão há de ser mudo,
Que é melhor neste mundo, mar de enganos,
Ser louco c'os demais que só, sisudo.

DESENGANOS DA VIDA HUMANA METAFORICAMENTE

É a vaidade, Fábio, nesta vida,
Rosa, que da manhã lisonjeada,
Púrpuras mil, com ambição dourada,
Airosa rompe, arrasta presumida.

É planta, que de abril favorecida,
Por mares de soberba desatada,
Florida galeota empavesada,[1]
Sulca ufana, navega destemida.

É nau enfim, que em breve ligeireza,
Com presunção de Fênix generosa,
Galhardias apresta, alentos preza.

Mas ser planta, ser rosa, nau vistosa
De que importa, se aguarda sem defesa
Penha a nau, ferro a planta, tarde a rosa?

---

[1] *galeota empavesada,*] pequena embarcação a remo muito enfeitada.

NO FLUXO E REFLUXO DA MARÉ
encontra o poeta incentivo para recordar seus males

    Seis horas enche e outras tantas vaza
    A maré pelas margens do oceano,
    E não larga a tarefa um ponto no ano,
    Porquanto o mar rodeia e o sol abrasa.

    Desde a esfera primeira opaca ou rasa,
    A Lua com impulso soberano
    Engole o mar por um secreto cano,
    E quando o mar vomita, o mundo arrasa.

    Muda-se o tempo, e suas temperanças,
    Até o céu se muda, a terra, os mares,
    E tudo está sujeito a mil mudanças.

    Só eu, que todo o fim de meus pesares
    Eram de algum minguante as esperanças,
    Nunca o minguante vi de meus azares.

PONDO OS OLHOS PRIMEIRAMENTE NA SUA CIDADE *conhece que os mercadores são o primeiro móvel da ruína em que arde pelas mercadorias inúteis e enganosas*

Triste Bahia! Ó quão dessemelhante
Estás e estou do nosso antigo estado!
Pobre te vejo a ti, tu a mim empenhado,
Rico te vejo eu já, tu a mim abundante.

A ti tocou-te a máquina mercante,
Que em tua larga barra tem entrado,
A mim foi-me trocando, e tem trocado
Tanto negócio e tanto negociante.

Deste em dar tanto açúcar excelente
Pelas drogas inúteis, que abelhuda
Simples aceitas do sagaz Brichote.[2]

Ó se quisera Deus, que de repente
Um dia amanheceras tão sisuda
Que fora de algodão o teu capote!

---

[2] *Brichote.*] denominação depreciativa para estrangeiros.

COLEÇÃO DE BOLSO HEDRA

1. *Iracema*, Alencar
2. *Don Juan*, Molière
3. *Contos indianos*, Mallarmé
4. *Auto da barca do Inferno*, Gil Vicente
5. *Poemas completos de Alberto Caeiro*, Pessoa
6. *Triunfos*, Petrarca
7. *A cidade e as serras*, Eça
8. *O retrato de Dorian Gray*, Wilde
9. *A história trágica do Doutor Fausto*, Marlowe
10. *Os sofrimentos do jovem Werther*, Goethe
11. *Dos novos sistemas na arte*, Maliévitch
12. *Mensagem*, Pessoa
13. *Metamorfoses*, Ovídio
14. *Micromegas e outros contos*, Voltaire
15. *O sobrinho de Rameau*, Diderot
16. *Carta sobre a tolerância*, Locke
17. *Discursos ímpios*, Sade
18. *O príncipe*, Maquiavel
19. *Dao De Jing*, Laozi
20. *O fim do ciúme e outros contos*, Proust
21. *Pequenos poemas em prosa*, Baudelaire
22. *Fé e saber*, Hegel
23. *Joana d'Arc*, Michelet
24. *Livro dos mandamentos: 248 preceitos positivos*, Maimônides
25. *O indivíduo, a sociedade e o Estado, e outros ensaios*, Emma Goldman
26. *Eu acuso!*, Zola | *O processo do capitão Dreyfus*, Rui Barbosa
27. *Apologia de Galileu*, Campanella
28. *Sobre verdade e mentira*, Nietzsche
29. *O princípio anarquista e outros ensaios*, Kropotkin
30. *Os sovietes traídos pelos bolcheviques*, Rocker
31. *Poemas*, Byron
32. *Sonetos*, Shakespeare
33. *A vida é sonho*, Calderón
34. *Escritos revolucionários*, Malatesta
35. *Sagas*, Strindberg
36. *O mundo ou tratado da luz*, Descartes
37. *O Ateneu*, Raul Pompeia
38. *Fábula de Polifemo e Galateia e outros poemas*, Góngora
39. *A vênus das peles*, Sacher-Masoch
40. *Escritos sobre arte*, Baudelaire
41. *Cântico dos cânticos*, [Salomão]
42. *Americanismo e fordismo*, Gramsci
43. *O princípio do Estado e outros ensaios*, Bakunin
44. *O gato preto e outros contos*, Poe
45. *História da província Santa Cruz*, Gandavo
46. *Balada dos enforcados e outros poemas*, Villon
47. *Sátiras, fábulas, aforismos e profecias*, Da Vinci
48. *O cego e outros contos*, D.H. Lawrence

49. *Rashômon e outros contos*, Akutagawa
50. *História da anarquia (vol. 1)*, Max Nettlau
51. *Imitação de Cristo*, Tomás de Kempis
52. *O casamento do Céu e do Inferno*, Blake
53. *Cartas a favor da escravidão*, Alencar
54. *Utopia Brasil*, Darcy Ribeiro
55. *Flossie, a Vênus de quinze anos*, [Swinburne]
56. *Teleny, ou o reverso da medalha*, [Wilde et al.]
57. *A filosofia na era trágica dos gregos*, Nietzsche
58. *No coração das trevas*, Conrad
59. *Viagem sentimental*, Sterne
60. *Arcana Cœlestia e Apocalipsis revelata*, Swedenborg
61. *Saga dos Volsungos*, Anônimo do séc. XIII
62. *Um anarquista e outros contos*, Conrad
63. *A monadologia e outros textos*, Leibniz
64. *Cultura estética e liberdade*, Schiller
65. *A pele do lobo e outras peças*, Artur Azevedo
66. *Poesia basca: das origens à Guerra Civil*
67. *Poesia catalã: das origens à Guerra Civil*
68. *Poesia espanhola: das origens à Guerra Civil*
69. *Poesia galega: das origens à Guerra Civil*
70. *O chamado de Cthulhu e outros contos*, H.P. Lovecraft
71. *O pequeno Zacarias, chamado Cinábrio*, E.T.A. Hoffmann
72. *Tratados da terra e gente do Brasil*, Fernão Cardim
73. *Entre camponeses*, Malatesta
74. *O Rabi de Bacherach*, Heine
75. *Bom Crioulo*, Adolfo Caminha
76. *Um gato indiscreto e outros contos*, Saki
77. *Viagem em volta do meu quarto*, Xavier de Maistre
78. *Hawthorne e seus musgos*, Melville
79. *A metamorfose*, Kafka
80. *Ode ao Vento Oeste e outros poemas*, Shelley
81. *Oração aos moços*, Rui Barbosa
82. *Feitiço de amor e outros contos*, Ludwig Tieck
83. *O corno de si próprio e outros contos*, Sade
84. *Investigação sobre o entendimento humano*, Hume
85. *Sobre os sonhos e outros diálogos*, Borges | Osvaldo Ferrari
86. *Sobre a filosofia e outros diálogos*, Borges | Osvaldo Ferrari
87. *Sobre a amizade e outros diálogos*, Borges | Osvaldo Ferrari
88. *A voz dos botequins e outros poemas*, Verlaine
89. *Gente de Hemsö*, Strindberg
90. *Senhorita Júlia e outras peças*, Strindberg
91. *Correspondência*, Goethe | Schiller
92. *Índice das coisas mais notáveis*, Vieira
93. *Tratado descritivo do Brasil em 1587*, Gabriel Soares de Sousa
94. *Poemas da cabana montanhesa*, Saigyō
95. *Autobiografia de uma pulga*, [Stanislas de Rhodes]
96. *A volta do parafuso*, Henry James
97. *Ode sobre a melancolia e outros poemas*, Keats
98. *Teatro de êxtase*, Pessoa

99. *Carmilla — A vampira de Karnstein*, Sheridan Le Fanu
100. *Pensamento político de Maquiavel*, Fichte
101. *Inferno*, Strindberg
102. *Contos clássicos de vampiro*, Byron, Stoker e outros
103. *O primeiro Hamlet*, Shakespeare
104. *Noites egípcias e outros contos*, Púchkin
105. *A carteira de meu tio*, Macedo
106. *O desertor*, Silva Alvarenga
107. *Jerusalém*, Blake
108. *As bacantes*, Eurípides
109. *Emília Galotti*, Lessing
110. *Contos húngaros*, Kosztolányi, Karinthy, Csáth e Krúdy
111. *A sombra de Innsmouth*, H.P. Lovecraft
112. *Viagem aos Estados Unidos*, Tocqueville
113. *Émile e Sophie ou os solitários*, Rousseau
114. *Manifesto comunista*, Marx e Engels
115. *A fábrica de robôs*, Karel Tchápek
116. *Sobre a filosofia e seu método — Parerga e paralipomena (v. II, t. I)*, Schopenhauer
117. *O novo Epicuro: as delícias do sexo*, Edward Sellon
118. *Revolução e liberdade: cartas de 1845 a 1875*, Bakunin
119. *Sobre a liberdade*, Mill
120. *A velha Izerguil e outros contos*, Górki
121. *Pequeno-burgueses*, Górki
122. *Um sussurro nas trevas*, H.P. Lovecraft
123. *Primeiro livro dos Amores*, Ovídio
124. *Educação e sociologia*, Durkheim
125. *Elixir do pajé — poemas de humor, sátira e escatologia*, Bernardo Guimarães
126. *A nostálgica e outros contos*, Papadiamántis
127. *Lisístrata*, Aristófanes
128. *A cruzada das crianças/ Vidas imaginárias*, Marcel Schwob
129. *O livro de Monelle*, Marcel Schwob
130. *A última folha e outros contos*, O. Henry
131. *Romanceiro cigano*, Lorca
132. *Sobre o riso e a loucura*, [Hipócrates]
133. *Hino a Afrodite e outros poemas*, Safo de Lesbos
134. *Anarquia pela educação*, Élisée Reclus
135. *Ernestine ou o nascimento do amor*, Stendhal
136. *A cor que caiu do espaço*, H.P. Lovecraft
137. *Odisseia*, Homero
138. *O estranho caso do Dr. Jekyll e Mr. Hyde*, Stevenson
139. *História da anarquia (vol. 2)*, Max Nettlau
140. *Eu*, Augusto dos Anjos
141. *Farsa de Inês Pereira*, Gil Vicente
142. *Sobre a ética — Parerga e paralipomena (v. II, t. II)*, Schopenhauer
143. *Contos de amor, de loucura e de morte*, Horacio Quiroga
144. *Memórias do subsolo*, Dostoiévski
145. *A arte da guerra*, Maquiavel

146. *O cortiço*, Aluísio Azevedo
147. *Desenganos da vida humana e outros poemas*, Gregório de Matos

Edição _ Jorge Sallum
Coedição _ Leda Cartum
Capa e projeto gráfico _ Júlio Dui e Renan Costa Lima
Programação em LaTeX _ Jorge Sallum
Assistência editorial _ Bruno Oliveira
Colofão _ Adverte-se aos curiosos que se imprimiu esta obra em nossas oficinas em 3 de junho de 2013, em papel off-set 90 g/m^2, composta em tipologia Minion Pro, em GNU/Linux (Gentoo, Sabayon e Ubuntu), com os softwares livres LaTeX, DeTeX, VIM, Evince, Pdftk, Aspell, SVN e TRAC.